サッカーことばランド
世界で拾い集めたへんてこワード97

金井真紀・熊崎敬

サッカーことばランドへ

サッカーという遊びは、はるか昔から世界中で愛されてきました。

ゲームが行なわれるのはスタジアムだけではありません。原っぱや空き地、路地裏や浜辺で、人びとが夢中になってボールを蹴るうち、さまざまなことばが生まれました。

「あいつのロングシュート、びっくりするほど曲がったよな」

「ああ、でっかいキュウリのようだった」

やがてスペインでは、よく曲がるシュートを「大きなキュウリ」と呼ぶようになりました。

辞書で「キュウリ」を調べても、もちろんシュートについては書かれていません。それはサッカー好きだけに通じる合言葉です。

ようこそ！

ぼくたちは世界中のサッカー好きに会い、そんな原っぱで生まれた「サッカーことば」を拾い集めてまとめました。

この本を読んでも、サッカーがうまくなることはありません。外国語がペラペラになることもないでしょう。でも、世界がちょっとだけ広がるかもしれない。

ようこそ、サッカーことばランドへ。いっしょに原っぱのことばを味わいましょう。

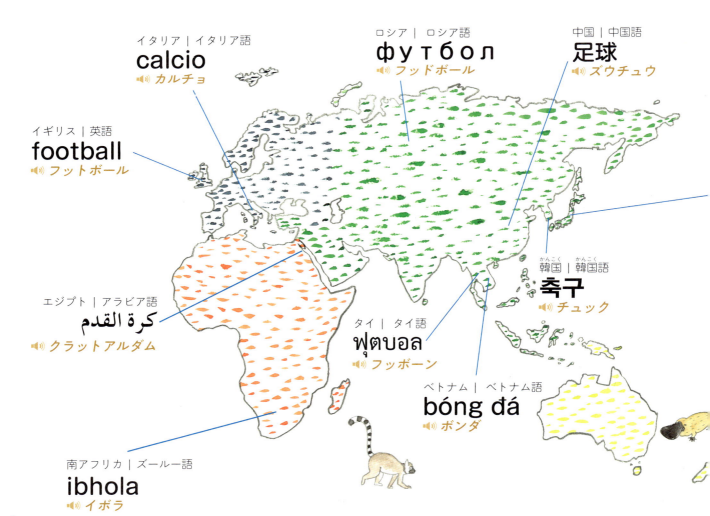

こんなに違う!「サッカー」を意味することば

日本 | 日本語
サッカー
🔊 サッカー

アメリカ | 英語
soccer
🔊 サッカー

メキシコ | スペイン語
fútbol
🔊 フットボール

ブラジル | ポルトガル語
futebol
🔊 フチボウ

もくじ

虹　この本の読み方　　3

サッカーことばランドへようこそ！　4-5

こんなに違う！「サッカー」を意味することば　6-7

第1章　かっこいい

12-13
自転車キック

ドリブルでスイスイ	カフェラテ	せっけんぬるぬる	14-15
ぴったりパス	仕立て屋パス	ひもパス	16-17
股抜き大成功	トンネル	ナツメグ	18-19
ふわっと浮き球	帽子	イスラム教の服を着せる	20-21
敵を手玉に取る	敵を踊らせる	ミートパイを食べに行かせる	22-23
食らえ！ダイビングヘッド	鳩	魚の頭	24-25

シュート曲げたぞ	落ち葉	大きなキュウリ	26 - 27
点取り屋だ	密猟者	死人を食べる	28 - 29
おいしいとこ、いただき！	ごっつぁんゴール	ニワトリどろぼう	30 - 31
地味にがんばってます	ピアノをはこぶ人	水をはこぶ人	32 - 33
かたいディフェンス	バスをとめる	乾パン	34 - 35
たのもしいキーパー	門番	岩	36 - 37
ズドンシュートが決まった！	血管シュート	かみなりゴロゴロ	38 - 39
ゴールラッシュ	梅が二度咲く	ハットトリック	40 - 41

サカこと探検隊日記 1　　"違い"を結びつける魔法のことば　42 - 43

世界の原っぱで今日も草サッカー　44 - 45

第2章　ださい　46 - 47

お風呂に入る

へなちょこシュート	海に蹴る	キーパーの食べもの	48 - 49
やーい、へたくそ！	ヤギの足	キャベツ	50 - 51

9

わざとたおれちゃえ	ツバメ	プール	52 - 53
今日はダメだった	ちぢまったスミレ	スイカ	54 - 55
へたっぴチーム	丸太	キュウリ	56 - 57
ミスだらけキーパー	レタスの手	桃の皮のグローブ	58 - 59
あたふたキーパー	ハエをとる	ガチョウ	60 - 61
審判にブーイング	ゴキブリ	審判出ていけ、ウシ入れろ	62 - 63
さえない監督さん	ドライヤー	渡し船の船頭	64 - 65

サカこと探検隊日記 2 蚊にも負けず世界をウロウロ　66 - 67

代表チームのニックネーム　68 - 69

第3章 おもしろい
70 - 71

公園を散歩する

サッカー場は動物園①	ブタ	まわる七面鳥	聖なる牝牛	72 - 73
サッカー場は動物園②	箱の中のキツネ	エビ	タコ	74 - 75
みんなで遊ぼう！	鳥かご	サル		76 - 77

なんじゃこりゃ	カンマ	7140		78 - 79
出た！おばけだ！	高地のおばけ	幽霊ゴール	グラウンドに埋葬する	80 - 81
街を歩けば	勝ち点自販機	家庭菜園	地蔵	82 - 83
家に帰れば	メガネ置き	乾電池	電気を消す	84 - 85

ゴールの角に何がいる？
フクロウの寝床／悪魔の家／7／90／霊のいる角／クモの巣を払う　86 - 87

あとがき　らしさを描くってたいへんだ！　88-89

サカことを教えてくれた人たち　90 - 93

著者プロフィール　94

96　世界のサッカーことば募集

11

第1章

か

世界中の子どもたちがあこがれる、かっこいいプレーの代表がこれ。地面に背を向けて、空中（くうちゅう）のボールをうしろにキック。両足をペダルをこぐように動かすことから、「自転車」と呼（よ）ばれるようになったんだ。

🔊 バイシクル キック

bicycle kick

イギリス英語

自転車キック

っこいい

まずは、かっこいいプレーを表すサッカーことばを見ていきましょう。同じプレーでも、国や地域が変わると呼び方はまるっきり違う！見開き2ページでひと組になっているので、ぜひ違いを楽しんでください。

自転車をこぐときの足の形とはビミョーに違うんだけどな…

ドリブルでスイスイ

クロワッサンはフランス生まれ

泡立てたミルク入りのコーヒーのこと。敵（てき）の間をなめらかに抜（ぬ）いていくドリブルをそう呼（よ）ぶんだって。街角にカフェがたくさんあるフランスらしいことばだなぁ。

🔊 カフェ クレーム

café crème

カフェラテ

| フランス
フランス語 | | イタリアや日本では カフェラテって いうけど フランスでは カフェクレーム なんだって。 |

1章 かっこいい

ディフェンスを次々とかわしていく、すばしこいドリブルのこと。体中が泡(あわ)だらけだったら、なかなかつかまえられないよね。

体を洗(あら)っていてせっけんがついている状態(じょうたい)を表すことば

🔊 エンサボアード

ensaboado

せっけんぬるぬる

ブラジル
ポルトガル語

ぴったりパス

仕立て屋さんが巻き尺ではかったような、正確なパスのこと。ガーナの道ばたにはカラフルな布を売る店がたくさん。そこで気に入った布を選ぶと、仕立て屋さんが体に合ったシャツを作ってくれる。

ガーナには80もの言語があるらしい！

ガーナ｜トゥイ語

◉ ススsu
SUSU
仕立て屋パス

「ひも」とはスパイクのひものこと。走っている味方のスパイク、それもひものところにどんぴしゃで届くようなパスの呼び名なんだ。

1章 かっこいい

ヘラジカは 大きい!!
体重700キロ サイズも。

🔊 リッセパスニング

lissepasning
ひもパス

ノルウェー
ノルウェー語

股抜き大成功

スペインでは自転車レースがさかん

やってうれしく、やられてくやしい股抜き。スペイン人はこれをトンネルにたとえるんだ。日本では、野球で股下をボールが抜けていくエラーのことを「トンネル」っていうよね。

トゥネル

トンネル

スペイン
スペイン語

1章 かっこいい

「ナツメグ」は木の実の名前。それが股抜きを意味するようになったのは、その形が男性のタマタマにそっくりだから。えへへ、ちょっと下品だね。

女子の場合はなんていうんだ⁉

ハンバーグを作るときに使うスパイス

nutmeg 🔊 ナットメグ

イギリス英語

ナツメグ

19

ふわっと浮き球

ボールを浮かせて敵の頭上を抜くプレーのこと。ボールが帽子を飛ばしているように見えるんだって。

メキシコの音楽は渋くて染みるねぇ…

🔊 ソンブレリート

sombrerito

帽子

メキシコ
スペイン語

1章 かっこいい

浮かせたボールが真下にストンと落ちてくるところが、ケニア人には服を着せているように見えるみたい。イスラム教の人は、全身をすっぽりおおう服を着るんだ。

アフリカ東部で話されている言語
↓
ケニア
スワヒリ語

🔊 クバリシャ カンズ

kuvalisha kanzu

イスラム教の服を着せる

敵を手玉に取る

かろやかにボールをあやつり、取りに来た敵をひょいひょいかわすプレーのこと。フェイントにほんろうされる敵は、まるで踊っているかのよう。

アラビア語は右から読むのだ！
ユラッガス

يرقص

敵を踊らせる

サウジアラビア
アラビア語

ボスニアのコーヒー

ミートパイは
おやつの定番。
ぐるぐるうずまき型

敵(てき)をあざやかなフェイントで抜(ぬ)きさることをいうおもしろい表現(ひょうげん)。しょんぼりうなだれる相手に「おつかれさん。ミートパイでも食べに行きな」って声をかけるというわけ。皮肉(ひにく)たっぷりのボスニア人。

🔊 ポスラティ ポ ブレク

Poslati po bureku

ボスニア・ヘルツェゴビナ
ボスニア語

ミートパイを食べに行かせる

1章 かっこいい

食らえー！ダイビングヘッド

ボカ・ジュニオルス

🔊 パロミータ

palomita

鳩（はと）

アルゼンチン
スペイン語

アルゼンチンで人気の2チーム。サポーターどうしは仲が悪い！要注意！

リーベル・プレート

決まると気持ちいいダイビングヘッド、これも国によっていろんな呼び名があるんだ。アルゼンチンは鳩！

1章 かっこいい

κεφάλια ψαράκι

ケファリア プサラキ

魚の頭

ギリシャ語

海面をピューンと飛んでくる魚は、ゴール前に頭から飛び込んでくる選手の動きにそっくり。だからギリシャでは魚の頭！

エーゲ海、もうキラ。

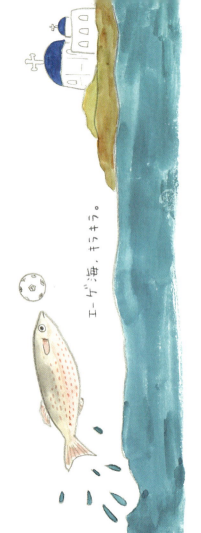

シュート曲げたぞ

カベを越えたフリーキックが、ストンと落ちてネットを揺さぶる。このボールの動きがひらひらと舞う葉っぱのように見えるんだって。イタリア人のおしゃれな言い回し。

🔊 フォッリャ モルタ

foglia morta

落ち葉

イタリア
イタリア語

ピザ「マルゲリータ」の色合いはイタリア国旗とおんなじ

ギューンと曲がってネットに突き刺さるシュートは、たしかに大きなキュウリのように見えるかも。「バナナシュート」と呼ぶ国も多いよ。

スペイン
スペイン語

🔊 ペピナッソ

pepinazo

大きなキュウリ

1章 かっこいい

点取り屋だ

あくびしてると撃たれるで！

イギリスではむかしキツネ狩りがはやっていた

密猟者とは、つかまえてはいけない動物を狙う悪いハンターのこと。物かげで息をひそめて獲物を撃つ。油断もスキもないストライカーは密猟者そっくり。

ポーチャー

poacher

イギリス 英語

密猟者

ヒョウ

「死人を食べる」なんてギョッとするけれど、あとから出てきていちばんおいしいところをさらっていくストライカーのこと。ハイエナも真っ青のかしこいやり方だよね。

えへへ、いただき♪

ハイエナ

ペルシャ語も右から読むのだ！

🔊 モルデホル

イラン
ペルシャ語

死人を食べる

おいしいとこ、いただき！

サッカーで使う「番狂わせ」や「がちんこ」はもともと相撲ことば。

「ごっつぁん（です）」は、お相撲さんが食事などをおごられたときにいうお礼のことば。つまりこれは、おごってもらったようなゴールのこと。苦労せず、目の前に転がってきたボールを押しこむだけでヒーローに。うらやましいなぁ。

🔊 ゴッツァン ゴール

ごっつぁんゴール

日本
日本語

マレーシア料理には
鶏肉(とりにく)がよく登場する

ストライカーは"ゴールを盗(ぬす)む"のが仕事。だからよく、どろぼうにたとえられる。どろぼうもストライカーのようにすばやく仕事しないと。ニワトリが暴(あば)れたりしたら、飼(か)い主に見つかっちゃうもんね。

🔊 クリ アヤム

curi ayam

マレーシア
マレー語

ニワトリどろぼう

1章 かっこいい

地味にがんばってます

テクニシャンではないけれど、グラウンドを走り回って敵からボールをうばい、前線にはこぶはたらきものの選手のこと。うまいピアニストもピアノがなければ演奏できないように、こういう選手がいないとストライカーもゴールを決められないよね。

カヘガドール ジ ピアノ

carregador de piano

ブラジル
ポルトガル語

ピアノをはこぶ人

工事現場でセメントをこねるには水が必要。水をはこぶ人がいなければ工事は全然進まないよね。サッカーだって同じ。縁の下の力持ちがいて、チームは勝つことができるんだ。

1章 かっこいい

🔊 ボドノサッチ

Vodonosač

ボスニア・ヘルツェゴビナ
ボスニア語

水をはこぶ人

33

かたいディフェンス

試合前に監督が「よし、今日はバスをとめるぞ」といったら、それはゴール前に人を集めてひたすら守る作戦のこと。強敵と対戦する弱小チームがよく使う手だ。イギリス人はうまいことをいうもんだね。

どこから攻めりゃいいんだ…

🔊 パーク ザ バス

park the bus

バスをとめる

イギリス英語

「かったーい！」

「歯が折れそう…」

1章 かっこいい

ロシアでよく食べる、とにかくかたいお菓子のこと。あまりのかたさから、自分のゴールをがっちり守り、失点しなかった試合のほめことばに使われるんだって。

マトリョーシカ

🔊 スハーリ

cyxapь

ロシア
ロシア語

乾(かん)パン

たのもしいキーパー

日本では守護神と呼ぶキーパーを韓国では門番と呼ぶ。いまは観光地になっている王宮やお城を守る「スムンジャン（守門将）」は、カラフルな民族衣装で人気があるんだ。

韓国代表チームのニックネームは「アジアの虎」。

수문장
門番

🔊 スムンジャン

韓国／韓国語

中東に生息する
サバクコノハズク

1章 かっこいい

クルド人は「国をもたない世界最大の民族」で、その数は2000万人以上とも。多くの人が岩の多い山岳(さんがく)地帯に住んでいるせいか、大きくて強そうなキーパーを岩と呼(よ)ぶ。安心してゴールをまかせられるよね。

Qewire ケウレ

中東一帯
クルド語

岩

37

ズドンシュートが決まった！

狙いすましたいきおいのあるシュートのこと。細い血管めがけて注射を打ち込むように、ボールの芯をしっかり捉えてズドン！

カピバラ。
昼寝が得意。

🔊 シューチ ナ ベイア

chute na veia

ブラジル
ポルトガル語

血管シュート

南アフリカのアナウンサーはゴールの瞬間、「ラドゥーマ!!」と叫ぶ。これはかみなりが落ちた音のこと。歓声とブブゼラと足踏みの音がぐちゃぐちゃになって、スタジアムは大騒ぎに。

1章 かっこいい

← マカラパ
手作りのヘルメット

ブブゼラ →
応援用のラッパ

Laduuuma!!
🔊 ラドゥーマ
かみなりゴロゴロ

ケープペンギン。
南アの海辺に住む

南アフリカ
ズールー語

ゴールラッシュ

1回咲き終わって…

1

2

3

また咲いた！

1試合にひとりで2点とること。中国の昔ばなしから生まれたことばだよ。梅は中国では縁起のいい花として愛されていて、アルゼンチンのスター、メッシも「梅西」と書くんだ。

🔊 メイカイアルドゥ

梅开二度

梅が二度咲く

中国
中国語

1章 かっこいい

耳が不自由な人がやるデフサッカーでは、選手や監督は手話でコミュニケーションする。親指と人差し指でゴールをつくって3本の指を向ければ、「ハットトリック」のできあがり！

ハットトリック ← 1試合にひとりで3点とること

日本
日本手話

サカこと探検隊日記 1

"違い"を結びつける魔法のことば

サッカーことば（略称「サカこと」）をさがす旅、それはサッカー解説者のセルジオ越後さんとの出会いから始まりました。

いまから25年ほど前、サッカー専門誌で働き始めたぼくは、セルジオさんの連載を担当することになりました。週に一度、彼のはなしを聞いていると、ときどきこんなことばが出てきました。

「このチームが勝てないのはね、"ピアノをはこぶ人"がいないからなのよ」

セルジオさんは日系ブラジル人。ブラジルの人って面白いこと言うなあ。

＊

ときは流れ、今度はヨーロッパのボスニア・ヘルツェゴビナからオシム監督が来日します。のちに日本代表を率いる名将は、こんなことを言い出しました。

「日本には"水をはこぶ"選手が必要だ」

地味でくたびれる仕事、それがブラジル人にはピアノをはこんでいるように見え、ボスニアの人には水を運んでいるように見えるというの

です。これは面白い！

　それなら、ほかの国の人々は何をはこんでいるように見えるのだろう。ガーナ人はカカオ豆？　イラン人は石油？　エクアドル人はバナナ？　空想が果てしなくふくらんでいきます。

　セルジオさんとオシムさんのことばは、ぼくの視野を大きく広げてくれました。世界にはいろんな国があって、いろんな人が暮らしている——。サカことを通じて、ぼくはそのことを実感したのです。

＊

　サカことには、世界の多様性がぎゅぎゅっと詰まっています。なかでもぼくが気に入っているのが「草サッカー」です。

　日本に根づいた草サッカーという呼び名は、草野球や草競馬から来ています。この草という響きが、なんとものどかで心地いい。

　デコボコだらけの空き地で近所の小僧がボールを蹴り始め、そのうち仲間が現われてゲームが始まり、チームが生まれる——。

　サッカーというシンプルな遊びが、世界中の人々を巻き込んできた様子が、たくましく生い茂る草花のイメージにも重なります。

　草サッカーということばがあるのは、日本だけではありません。ブラジルやイランにも、直訳すると「草サッカー」になることばがあります。空き地のゲームを見ると、多くの人が草と呼びたくなるのでしょう。

　しかし、草サッカーを別のことばで表現する国もたくさんあります。

　じゅうたんで有名なトルコは「じゅうたんグラウンド」。カウボーイがたくさん暮らすアルゼンチンは「馬場」。砂漠が広がるアルジェリアは、砂に木の枝を立ててゴールにすることから「小枝」。

　じゅうたん、馬場、小枝……。なんの脈絡もないことばが、サッカーを通じてつながっている。

　ぼくらが夢中になっているサッカー、それこそがたくさんの違いを持つ世界の人々を結びつける一番の魔法のことばなのかも。　　（熊崎）

◁)) チョギチュック

조기축구

早朝サッカー

韓国では早朝のサッカーがさかん（戦いは場所取りから始まる！）。やがて、昼や夜の草サッカーも、こう呼ぶように。

韓国
韓国語

◁)) ペラーダ

pelada

はだか

年中暑いブラジルでは、はだかチームとシャツチームに分かれてゲームをするから、「はだか」がそのまま草サッカーの呼び名に。

ブラジル
ポルトガル語

じゅうたんはトルコの名産品。じゅうたんのような四角い場所でボールを蹴るから、こう呼ばれている。

◁)) ハル サハ

halı saha

じゅうたんグラウンド

トルコ
トルコ語

世界の原っぱで
今日も草サッカー

44

🔊 ポトレロ
potrero
馬場（ばば）
アルゼンチン
スペイン語

アルゼンチンはカウボーイがたくさんいる国。草サッカーをするでこぼこなグラウンドが、馬を飼う場所に見えるんだって。

🔊 ペティ ポト
petit poteau
小さな柱
コートジボワール
フランス語

原っぱに石や木の枝を置いてゴールに見立てる。コートジボワールではそれを「小さな柱」と呼ぶ。さりげなーく自陣ゴールを狭くするやつがいて、ケンカになる。

サウジアラビアでは、イスラム教の断食月（ラマダン）のあいだ、日が暮れて、食事をして、夜の礼拝が済むと……夜ふけまで草サッカー大会で盛り上がる。

🔊 ダウリアルハーラアルラマダニ
دوري الحارة الرمضاني
ラマダン草サッカーリーグ
サウジアラビア
アラビア語

45

第2章 ださい

サッカーはうまくいかないことばかり。というのも、このゲームは次から次へと敵がじゃましに出てくるのに、手を使うことがゆるされていないからです。だから失敗プレーを笑うような「サカこと」は、びっくりするほどたくさんあります。ほめるよりもけなすときの方が、人間はアイデアが湧き出てくるのかもしれません。

いつもオフサイド・ポジションを歩いていて、味方の守りも手伝わない怠け者のフォワードのこと。つまり、仲間がはたらいているときも、ひとりだけ休んでいるんだ。まるでお風呂でのんびりしているみたい。でも、ボールが来ると急に仕事をすることもあるから、敵にとってはちょっとやっかい。

のんきでいいなぁこのことば。

🔊 ナバニェイラ

na banheira

お風呂に入る

ブラジル
ポルトガル語

へなちょこシュート

「チャンスだ！ 決めるぞ！」と力みすぎて、蹴ったボールがはるかかなたへ……。こういうときに使うことば。シュートはワクに蹴らなくちゃ。海に飛ばしても得点にならないよ。

セパは「蹴る」の意味。マレーシアには セパタクローという 球技もある

🔊 セパ ケ ラウト

Sepak ke laut

海に蹴る

マレーシア
マレー語

48

ホッキョクグマ。
地球温暖化の影響で
減っちゃってなぁ…

むずかしい体勢からムリして打ったら、ちゃんと蹴れずにコロコロコロ……。あらら、かんたんに取られちゃった。こういうシュートが、ノルウェー人にはキーパーに食べものをあげたように見えるみたい。

2章 ださい

🔊 キーペルマート

keepermat

キーパーの食べもの

ノルウェー
ノルウェー語

肉や魚のメインディッシュにそえられた野菜、つまり脇役という意味。いてもいなくても同じなんていわれるけれど、そんな脇役がゴールを決めることもある。だからサッカーはおもしろい！

肉団子「ミティティ」はルーマニア料理の定番

🔊 バルザ

varză

キャベツ

ルーマニア
ルーマニア語

かぜとたおれちゃえ

🔊 シュバルベ

Schwalbe

ツバメ

ドイツ
ドイツ語

両手を広げて大げさに倒れ込むすがたは、まるで急降下するツバメ。PKほしさにこればかりやる選手を、ドイツ人は「ツバメの王様」と呼ぶ。やりすぎると審判から目をつけられるから、ほどほどにね。

piscina
ピスシナ
プール

こちらはわざと倒れる姿勢が、プールに飛び込んでいるように見えるから、実際にスタジアムでは「わざと だ!」って文句をいいながら、飛び込みポーズをするファンもいるんだ。サッカー場で水泳のマネってて変だね!

スペイン
カタルーニャ語 ← おもにスペイン東部で話されている言語

2章
ださい

今日はダメだった

ゲーム中、弱気でオドオドしている選手のこと。イギリス人らしいユーモラスな表現だね。サッカー以外でも、シャイで内気な人のことを、こう呼ぶんだ。

「ま、気を落とすなよ」とフォックステリア

🔊 シュリンキング バイオレット

shrinking violet
ちぢまったスミレ

イギリス
英語

「これは決まりだ！」というヘディングシュートをボヨヨーンと外すと、サウジアラビアではスイカ呼ばわりされるんだって。

これはメッカ周辺の方言。同じことを中部方言では「ジャハ」という。
サッカーの悪口には方言を使うのがサウジ流。

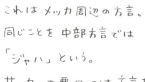

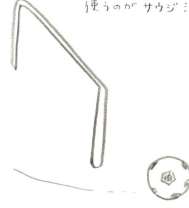

サウジアラビア
アラビア語

🔊 ハブハブ

حَبْحَب

スイカ

へたっぴチーム

さて、第1回ワールドぽんこつカップ最弱決定戦は、メキシコ「丸太FC」とドイツ「キュウ・ユナイテッド」の対決になりました！丸太というのはボサッと突っ立ってるイメージ。みんなが動かなかったら勝てるはずないよね。メキシコでは最悪なゲームをすると、監督から「今日は全員、丸太だったな」なんて怒られるんだって。

tronco
🔊 トロンコ

丸太

メキシコ
スペイン語

一方のキュウリも負けていません。こちらドイツでは役立たず、ポンコツという意味。へたくそなチームや選手はキュウリ呼ばわりされるんだ。

世界最弱を決める丸太とキュウリの対決、負けるのは果たしてどっちだ!?

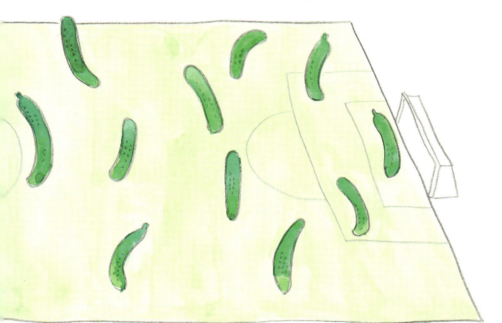

Gurke ゴアケ

キュウリ

ドイツ
ドイツ語

2章 ださい

ミスだらけキーパー

かんたんなシュートやクロスをぽろぽろこぼす……。そんな頼りないキーパーのこと。たしかに手がレタスだったらボールなんか取れないか。ぼくらもへたっぴキーパーに日本風の名前をつけよう。「おにぎりの手」はどう？

豆料理「フェイジョン」はブラジル版 おふくろの味

🔊 マオ ジ アウファシ

mão de alface

レタスの手

ブラジル
ポルトガル語

フランスの桃はひらべったい

フランスの人は、へたなキーパーをこう呼ぶんだ。うすくてすべすべした桃の皮でできたキーパーグローブなんて、ぜんぜん役に立たないよね。

🔊 ガン アン ポー ドゥ ペッシュ

gants en peau de pêche

フランス
フランス語

桃の皮のグローブ

2章 ださい

59

あたふたキーパー

敵と味方が入り混じるなかで、ボールをキャッチできずにあたふた。そんなすがたが、ハエをとろうとしているように見えるみたい。この表現、ドイツにもあるんだよ。

剣豪・宮本武蔵は箸でハエをつかんだ…らしい

🔊 プリンデ ムシュテ

prinde muște

ハエをとる

| ルーマニア
| ルーマニア語

キックを空振りしたり、ボールをうっかりこぼして失点したり……。そんなキーパーのありえないミスのこと。ガチョウにはそそっかしいイメージがあって、えらい人の失言もこう呼ぶんだって。

見てられないぜ！

オオヤマネは古代ローマ時代にようしょく養殖されていた

2章 ださい

🔊 パーペラ

papera

ガチョウ

イタリア
イタリア語

審判にブーイング

サッカーでだれよりも文句をいわれるのが審判。それにしてもひどいよ、服が黒いからってゴキブリ呼ばわりなんて。それによくよく考えるとゴキブリもかわいそう。そんなに悪い虫じゃないんだから。

🔊 アスカラバット

escarabat

ゴキブリ

スペイン
カタルーニャ語

（父ちゃん、がんばれー）

これもひどいねぇ。ジャッジが気に入らないから、ウシに審判やらせたほうがマシだって？ でもさ、ウシをグラウンドにつれてきたら、芝生を食べちゃうかもしれないよ。

ギャハハ、最高。スタジアムで使ってみたい！

2章 ださい

🔊 ウート メ ドッメレン イン メ クア

Ut med dommer'n, inn med kua

審判出ていけ、ウシ入れろ

ノルウェー
ノルウェー語

さえない監督さん

「なにやってんだ！」「ヤル気あるのか！」ギャースカどなってばかりの監督は、熱風をボーボー吐き出すドライヤーみたい。できれば近づきたくないよね。

ヘアドライヤー

hair dryer
ドライヤー

イギリス英語

監督が急にクビになり、次の人も決まっていない。ヤバいヤバい、とりあえずこの人に3試合まかせるか……。これが「渡し船の船頭」。正式な監督が決まるまでチームをひきいる、つなぎ役ってことね。

ベネチアの運河、ゆらゆら。

2章 ださい

🔊 トラゲッタトーレ

traghettatore

イタリア
イタリア語

渡し船の船頭

サカこと
探検隊日記
2

蚊にも負けず 世界をウロウロ

　この本を作るために、ぼくたちは「サカこと探検隊」を結成しました。メンバーは、文を担当するぼくと、絵を担当する金井真紀さんのふたり。

　カネはなくても、ひまだけはある探検隊。まずは近場に住む知り合いの外国人に、片っ端から聞いてみました。でも、思ったほど成果が上がりません。

　「あなたの国のサカことを教えてください」とたずねると多くの場合、コーナーキックやオフサイドといったサッカー用語の訳語が返ってきます。「そうではなくて、その国らしさが表われたことばを」と付け加えると、相手は考え込んでしまうのです。

*

　それもそのはず、多くの人はサカことを無意識に使っているので、あらたまってたずねられてもピンとこないのです。

　ならば、サッカー好きを探して聞くしかない。各国の大使館、外国人がいるレストランやバー、さらには外国人のお祭りに首を突っ込んでいる

うちに、ちょっとずつことばが集まってきました。
　気を良くした探検隊は、海外の知り合いにメール攻勢を開始。2015年のクラブ・ワールドカップで知り合ったアルゼンチンの強豪チーム、リーベル・プレートの熱狂的サポーターにもメールを送りつけました。
「ただでウチに泊めてあげたんだから、サカことのひとつやふたつ教えておくれよ」
　数日後、"ウンコ"や"馬糞"といった汚ないサカことが大量に届きました。しかもリーベルの宿敵ボカ・ジュニオルスを罵倒することばばかり。うーん、これは"上級編"すぎる……。

*

　こうなったら海外に打って出るか！
　費用対効果を気にしない探検隊は、勢い余って海外に飛び出しました。行き先は、なぜかインド。
「日本では知られていないことばも採集したい」
という理由で、南インドの大都市チェンナイに飛んだのです。サッカーよりもクリケットという球技が盛んな土地で、果たしてサカことは見つかるのでしょうか。

　南インドの旅は、苦難の連続となりました。まず暑すぎて、外に出る気がしません。外出しても見つかるのはクリケットファンばかり。サッカーファンが見つかっても、サカことの意味が通じない。
　収穫のないまま日々は過ぎ、焦りがつのります。そして最終日、冷房の効いたショッピングモールで涼んでいると、窓の向こうに放課後の校庭でサッカーに興じる子どもたちが見えました。
　これがラストチャンスだ！
　校庭に駆けつけた探検隊が、先生を介して質問をしたところ、子どもたちは「あるある！」と騒ぎ出し、日本でいうところの鳥かごゲームを始めました。そこでついに「サル」というサカことをゲットしたのでした。
　夕暮れの校庭は蚊だらけで、探検隊は首や足を死ぬほど刺されました。しかし、いまとなってはいい思い出です。あの子たち、今日も夢中でボールを蹴っているのかな。

（熊崎）

デンマーク
ダニッシュ ダイナマイト
小国だけど、ときどき大爆発する。ヨーロッパ王者になったことも。

フィンランド
ミミズク
以前ミミズクがスタジアムに出現。貴重な勝利を呼び込んだ逸話がある。

オランダ
オレンジ
代表試合では、観客席がナショナルカラーのオレンジ色にそまるのだ。

エジプト
ファラオズ
これは古代エジプトの王様の呼び名。世界一強そうなニックネーム。

アルジェリア
フェネックギツネ
小説『星の王子さま』にも登場する砂漠のキツネ。しっぽがふさふさ。

フィリピン
野犬
かつての愛称「Azur Calle(青い通り)」が短くなって「Azkal」に。これ、タガログ語で野犬を意味するんだ。ワイルドだねぇ。

インド
青いトラ
トラが数多く生息するインド。青はシヴァ神の肌の色に由来する。

コートジボワール
エレファンツ
国のシンボルはゾウ。かつては「象牙海岸」という国名で呼ばれた。

ボツワナ
ゼブラズ
平原を駆けるシマウマが愛称。立ち上がった2頭のシマウマが向かい合うエンブレムが斬新！

日本女子
なでしこ

2011年W杯で優勝！『万葉集』にも出てくる花の名前。

おー、強そうだ！
わはっ、おもしろい！
代表チームの
ニックネーム

オーストラリア
サッカルーズ

サッカーとカンガルーの合成語。国鳥の名から「エミュー」と呼ばれた時期も。

ニュージーランド
オールホワイツ

世界最強といわれる、この国のラグビー代表チーム「オールブラックス」と対をなす。理由はもちろんユニホームが白いから。

ジャマイカ女子
レゲエガールズ

地元生まれの音楽レゲエが愛称になったのは、それがこの国の誇りだから。男子はもちろんレゲエボーイズ。

ベネズエラ
赤ワイン

深みのある赤いユニホームから名づけられた。愛称が飲み物って珍しい！

ブラジル
カナリア

ユニホームの黄色からついた愛称。「カナリア軍団」は世界中の人気者だ。

ウルグアイ
空色

ユニホームはあざやかな空色。ファンたちは「ぼくらは空色だ」と歌う。

69

第 3 章

水をつけた筆で地面に字を書くおじさん

おも

街の景色や部屋の中など「サカこと」は思いもよらないところにかくれています。むふふ。身近なものをサッカーと結びつけずにはいられない人が、世界中にいるんですね。

しろい

太極拳をする
おじさん

リードしているチームが、時間かせぎのために後方でゆっくりパスをつなぐこと。あのチンタラしたようすが、のんびり散歩しているように見えるんだよね。

 逛公园 グァンゴンユァン

公園を散歩する

中国
中国語

サッカー場は動物園①

ブタってずんぐりしていてのろまなイメージ。でも、コロンビアでは勇ましくて頭がよくて筋肉モリモリな選手をこう呼ぶんだ。意外でしょ？

🔊 ベラコ

ブタ

コロンビア
スペイン語

メキシコ
スペイン語＋
ナワトル語

アステカ文明の時代から
使われている言語

🔊 ブエルタ デ グアホロテ

vuelta de Guajolote

まわる七面鳥

チャンスがきたのに、ゴール前でモタついてると、メキシコでは「おいおい、七面鳥がまわってるぞ」なんて笑われちゃうんだ。でも、ゴール前で落ちついてプレーするのはむずかしいんだよね……。

高い給料をもらっていて、チームメイトから尊敬されているベテランのこと。試合ではとてもたよりになるけど、「監督をかえて」とか「あの選手をとって」とか要求が多いから、あつかいづらいんだ。

🔊 バカ サグラダ

vaca sagrada

聖なる牝牛

スペイン
カタルーニャ語

3章 おもしろい

サッカー場

ゴール前で息をひそめ、一瞬の動きでシュートを決める抜け目ないストライカーの呼び名。ボックスとは、ペナルティエリアのこと。フォックスとボックスで韻をふんでいるんだ。

緩急自在。シュッ、シュッとするどく敵を抜いていくドリブルをアルゼンチンでは「エビ」と呼ぶ。メッシの動きは、まさにこれ。

フォックス イン ザ ボックス

fox in the box

箱の中のキツネ

イギリス
英語

アルゼンチン
スペイン語

は動物園②

🔊 ガンベタ
gambeta
エビ

🔊 アフタブート

أخطبوط

タコ

長い手足でゴール全体をふさぎ、どんなボールも吸盤にくっつけちゃう。そんなキーパーがいたら、ディフェンス陣もラクできるね。

サウジアラビア
アラビア語

3章 おもしろい

みんなで遊ぼう！

「鳥かご」は、鬼に取られないようにパスをまわす遊びのこと。ボールを取られた人が、次に鬼になる。鬼がカゴの中の鳥のようにあちこち動き回るようすから、「鳥かご」と呼ばれるようになったんだ。

おしゃれに いうと
「ロンド」

鳥かご　🔊 トリカゴ

日本
日本語

鳥かご

「鳥かご」のことを南インドの人は「サル」と呼ぶ。インドは街の中にもサルがいて、親しみがあるんだね。あのすばしこいサルに取られないようにパスまわすのって、むずかしいだろうなあ。

タミル・ナドゥ州の
オートリキシャは黄色

インドには
サルの神様がいる

🔊 クランゲ

南インドやスリランカで
使われている言語

インド
タミル語

サル

3章 おもしろい

77

なんじゃこりゃ

Yes, I love football.
てこれ！

コートジボワール
フランス語

🔊 ビルギュル

フランス語の virgule

カンマ

敵のボールをスライディングでうばう瞬間のこと。足の先がボールに届いたとき、ちょうど記号のカンマのかたちになるからね。気づいた人はすごい!!

カバ。アフリカの水辺でドテーッとしている

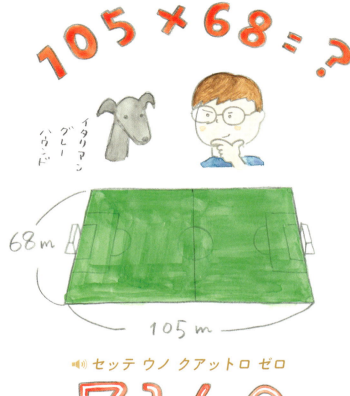

グラウンドの面積は105×68＝7140平方メートル。イタリアの超マニアックな監督たちは、しばしばこの数字を出して戦術を語る。「ポジショニングするときは、7140をちゃんと考えよう」とかなんとか。

🔊 セッテ ウノ クアットロ ゼロ

7140

7140

イタリア
イタリア語

3章 おもしろい

出た〜！おばけだ〜！

ファンタスマ デ ラ アルトゥーラ
fantasma de la altura

高地のおばけ

ボリビアの首都ラパスの標高は3600メートル。富士山と同じくらい高い。空気がうすくて、慣れない人は歩くだけでもハァハァ、ゼィゼィ。そこで地元の人はおばけの仮装をしてスタジアムに行き、敵に「高いぞ〜苦しくなるぞ〜」とのろいをかけるんだ。

ボリビア｜スペイン語

Phantomtor

ファントムトア

ドイツ｜ドイツ語

幽霊ゴール

一度は決まったのに、オフサイドやファウルで取り消されたゴールのこと。決まったはずなのに消えている……そんなところは、たしかに幽霊みたいだね。

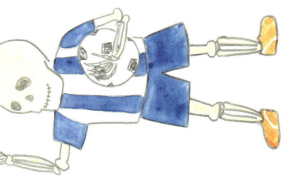

sahaya gömmek

サハヤ ギョムメック

トルコ｜トルコ語

グラウンドに埋葬する

トルコの新聞は表現が大げさで、大一番では「勝者が敗者を埋葬した」と書くのがお約束。この国のスタジアムはケンカだらけで、選手もファンも命がけで戦っているんだ。

3章 おもしろい

街を歩けば

🔊 スンチョム ジャパンギ
승점 자판기
勝ち点自販機

対戦すると、かならず勝てるチームの呼び名。日本では「お得意さん」や「カモ」という。ボタンを押すだけで勝ち点3が出てきたら、そりゃラクだよね。

🔊 オゴロード
огород
家庭菜園

韓国
韓国語

ロシア
ロシア語

でこぼこしていたり、草がぼうぼうになっているグラウンドのこと。これじゃあ、ボールがどこへいくかわからないよ……。

ロンサムブルー

お地蔵(じぞう)さん
町はずれの道端(みちばた)で、子どもや旅人を見守っている

地蔵 🔊 ジゾウ
地蔵(じぞう)

多くのサポーターで盛(も)り上(あ)がるゴール裏(うら)で、歌わず、跳(と)びはねもしないファンのこと。「ノリが悪い」といわれるけれど、応援(おうえん)スタイルは人それぞれ。お地蔵さんだって愛するチームを温かく見守(みまも)っているんだ。

日本
日本語

3章 おもしろい

家に

スコアレスドローのオランダ流の呼び名。たしかにスコアボードに映し出された0-0って、メガネが置いてあるみたい。

🔊 ブリルスタンド

brilstand
メガネ置き

オランダ
オランダ語

コロンビア
スペイン語

帰れば

🔊 ピラス

pilas
乾電池(かんでんち)

PKをとられたり、大チャンスをはずしたり……。まずいことが起きるとコロンビア人は「乾電池(かんでんち)！」って叫(さけ)ぶんだ。あそんでいたオモチャが、電池が切れて急に動かなくなるくらいのショックなんだって。

🔊 アパガー ア ルーズ

apagar a luz
電気を消す

終了間際(しゅうりょうまぎわ)のゴールで勝ちをひろったり、負けていた試合を引き分けに持(も)ち込(こ)んだりすること。最後の最後にゴールを決めて、電気を消して、おやすみなさい！

| ブラジル
| ポルトガル語

3章 おもしろい

🔊 オンジ ア コルージャ ドルミ

onde a coruja dorme

フクロウの寝床

フクロウは横になった木の枝の端でねむることから、バーの端を意味するようになった。シュート練習では「フクロウの寝床を狙え」という声が飛ぶ。

| ブラジル
ポルトガル語

🔊 ダール シェイタン

دار الشيطان

悪魔の家

みんなが恐れる「悪魔の家」にはキーパーも近づけない。だから、ここに蹴ればゴールが決まる。モロッコやチュニジアでも聞かれることば。

| アルジェリア
アラビア語

ゴールの

キーパーが
なかなか止められない
特別な場所。
世界の人たちは、
いろんな名前で
呼んでいる。

🔊 セッテ

7

サッカー好きなイタリア人の目には、7の形がゴールの角に見えるんだって。

| イタリア
イタリア語

86

角に何がいる？

🔊 ドクサン
90

90
ゴールの角は直角。90度だから「90」と呼ばれる。

| トルコ
| トルコ語

🔊 リンコン デ ラス アニマス
rincón de las animas

霊のいる角
キーパーの手がとどかないから、霊が休んでいる場所と考えられている。

| アルゼンチン
| スペイン語

🔊 ネトワイエ レ トワル ダレニエ
nettoyer les toiles d'araignées

クモの巣を払（はら）う
クモは角によく巣を作る。だから角につきささる強烈なシュートをこう呼ぶんだ。ルーマニアにも同じ表現（ひょうげん）がある。

| フランス
| フランス語

あとがき
らしさを描くってたいへんだ！

　外国語はからっきししゃべれないし、サッカーはびっくりするほどへたくそだけど、わたしは外国語とサッカーが好きです。「日本語ではいびきをグーグーかくと言い、中国語ではいびきの音を呼嚕呼嚕（フルフル）と表現（ひょうげん）する」といった外国語の小ネタを仕入れては、ニヤニヤしています。サッカーのほうは、スター選手の豪快（ごうかい）なプレーにもひかれるけど、それよりスタジアムに押（お）しかけて大（おお）騒（さわ）ぎするサポーターが大好物。世界中にあのバカバカしくて愛（いと）おしい生き物が生息しているかと思うと、なんだかうれしくなります。

　そんなわけで、スポーツライターの熊崎敬（くまざきたかし）さんと一緒（いっしょ）にいろんな国のサッカーファンに会ってことばを拾い集める体験は、最高に楽しいものでした。ところが、持ち帰ったサッカーことばをいざ絵に描（か）こうとすると、「む、むむ」と考え込んでしまうのです。
　たとえばブラジルのサッカーことばを描く場合、「ブラジルらしさ」をどう表現（ひょうげん）したらいいだろう？
　ブラジルの国旗を描くのが、もっともわかりやすい方法です。国旗はデザインや色に、その国の成り立ちやお国自慢（じまん）が込（こ）められていておもしろい。うーん、けどなぁ……。国旗は取扱注意（とりあつかいちゅうい）のものでもあるんだよなぁ、と わたしは思（おも）い悩（なや）みます。世界中のすべての人が国旗を「いいねいいね」と歓迎（かんげい）するとは限らない。仲が悪い国どうしもあるし、国がくっついたり分かれたりして国旗が変わることもあるし、そもそも国を持たない民族もいる。うーん。

「これぞブラジル人」という人物像を描くのもむずかしい。アマゾン先住民もいれば、むかしアフリカから連れてこられた黒人奴隷の子孫もいます。さらにポルトガルをはじめとするヨーロッパからの移民もたくさん。日本や中国などアジア系移民も大勢いますよね。どうやら、いろんな顔の人がいるのがブラジルらしい。となるともう、どんな絵を描いたらいいのか、さっぱりわからない！

　と、悩みの海にただよいながら、わたしはしみじみと思いました。あぁきっと、こういうふうに悩むことこそが、世界を知るってことなんだなぁ。

　その後、ブラジルの絵地図をながめたり、南米に住む生き物の写真を見たりして、ブラジルらしさを探しました。本書の中にサッカーとは関係ない、ブラジルでおなじみの豆料理や、カピバラやトゥッカーノといった動物たちがこっそり描かれているのはそういうわけです。もちろんブラジル以外のページでも、おいしそうなものやヘンテコな仲間がちょこちょこ登場しますので、探してみてください。

　サッカーことばは、世界を知る小さな入り口。その先に広がる世界に思いをはせてワクワクする気持ちを、読んでくれたみなさんにおすそわけできたらうれしいです。

2018年夏、虹が出た日
金井真紀

サカことを教えてくれた人たち

日本で暮らす外国人、海外に住む人、外国語に堪能な人、はては旅先で出会ったサッカー好きまで。
あらゆるツテをたどってサッカーことばを集めました。
おもしろいサカことを教えてくれた皆さま、
ありがとうございました。
ここに載せられなかった恩人たちにも、
心から感謝。

ウアムリア・オマルさん
アルジェリア（アラビア語）

アルジェリアから日本にやって来て13年目。マラドーナとレアル・マドリーを愛し、柔術に熱中するスポーツマン。さしみ、天丼、きんぴらごぼうが大好物。

ホルヘ・アルベルト・オルテガさん
アルゼンチン（スペイン語）

現役時代はアルゼンチン代表でマラドーナともプレーした。2003年、横浜にサッカークラブ「エスペランサ」を設立。熱心に後進の指導にあたる。

ドン・ブルーノさん
アルゼンチン（スペイン語）

ごきげんに世界を旅するアルゼンチン人。愛するリーベル・プレートを応援するため2015年クラブW杯で来日。京都の清水寺でサカこと探検隊に出会う。

マイケル・プラストウさん
イギリス（英語）

1980年に来日して以来、日本サッカーを取材する英国人ジャーナリスト。生まれ故郷のクローリー・タウンが心のチームだ。趣味は山歩き。

宮崎隆司さん
イタリア（イタリア語）

イタリアの英雄バッジョを追いかけてフィレンツェに移住。育成年代を軸にサッカーを取材する。戦術用語から汚い野次までくまなく教えてくれた。

ハサンさん
イラン（ペルシャ語）

東京の小伝馬町でイラン食材店を営む。ハサンさんとの会話や人懐こい店内の文鳥に会うのを楽しみに来る常連も。好きな選手はボビー・チャールトン。

竹田純さん
イラン（ペルシャ語）

ペルシャ語を操る書籍編集者。テヘラン留学時代はイラン人よりアフガニスタン人の友だちとつるんでいた。朝の連続ドラマとおやつのグミを偏愛する。

アルンさん
インド（タミル語）

南インド・チェンナイの小学校教諭。放課後の校庭で子どもたちにサッカーを教えているところをサカこと探検隊が突撃し、大騒ぎになった。

慎武宏さん
韓国（韓国語）

韓国サッカーだけでなくゴルフや芸能もカバーするジャーナリスト。日韓の架け橋になろうと、韓国サッカー協会ホームページの日本語版を担当。

田澤耕さん
スペイン（カタルーニャ語）

銀行員から言語学者に転身、日本初のカタルーニャ語辞典を編纂した。相撲好きで、逸ノ城のファン。外国人力士の日本語力にいつも感心している。

アジマン・スィアウさん
ガーナ（トゥイ語）

来日28年の農学者。六本木のアフリカ料理レストランでガーナ名物・フフを食べながら、多様なガーナの言語のサカことを伝授してくれた。

ユージェル・メメットさん
（クルド語）

埼玉の河川敷で開かれていたクルド人のお祭りでサカこと探検隊と出会った。来日12年。スウェーデンで活動するクルド人チームのダルクルドを応援する。

李永晧さん
コロンビア（スペイン語）

鎌倉生まれの在日コリアン4世。スペイン語、英語、トルコ語など5言語を操る。外国語習得のコツは「バーに行って外国人に積極的に話しかけること」だって。

アナス・メレーさん
サウジアラビア（アラビア語）

メッカで生まれ、2007年に来日。大学院でナノ材料工学を学んだのち、非金属メーカーに勤務。サウジ最古のチーム、アル・ワフダのサポーター。

李志紅さん
中国（中国語）

日本のカワイイ文化を愛する翻訳家。日本に来て一番驚いたのは、真冬でも短パンの男の子たちとミニスカート姿の女子高生たちだったとか。

ホーボルト幸夫さん
ドイツ（ドイツ語）

大使館広報として、ドイツの魅力を日本中に広めようと日々奔走。「タコ焼き、お好み焼きなど、"焼き"と名のつく日本食はどれも大好物です」。

須藤みやびさん
ドイツ（ドイツ語）

演奏旅行でドイツ内外を忙しく飛び回っている、ミュンヘン在住の音楽家。好きなドイツ語は"Hab Sonne im Herzen"。意味は「心に太陽を」。

渡邉将之さん
トルコ（トルコ語）

6年間暮らしたイスタンブールでは、強豪ベシクタシュを熱烈に応援。当地で読み漁ったスポーツ紙の定番フレーズをレクチャーしてくれました。

植松隼人さん
日本（日本手話）

デフサッカー日本代表監督として2021年デフリンピック優勝を目標にかかげる。地味ながらチームに貢献するマケレレ(元レアル・マドリー)が好きだった。

イングヴェ・ヨハン・ラーセンさん
ノルウェー（ノルウェー語）

翻訳家。映画『将軍 SHOGUN』で日本に興味を抱き、来日。1999年に仲間と設立したロコモティブ・オスロは8部リーグから出発して現在3部で奮闘中。

佐藤ゆみさん
フランス（フランス語）

90年代からフランス在住。好きな選手はフランス代表のグリエズマン。「でしゃばらないけど、ちゃんとチームをまとめているところがすてき！」

ペドロ・カルロスさん
ブラジル（ポルトガル語）

サッカークラブ「アベーリャス千葉」のブラジル人コーチ。「フクロウの寝床」をはじめとしたサカことを多用した指導で、練習を盛り上げる。

千田善さん
ボスニア・ヘルツェゴビナ（ボスニア語）

旧ユーゴスラビアに留学、国際政治学者に。日本代表オシム監督の通訳をつとめた。好きなチームはジェリェズニチャル、好きな食べ物はケバブ。

サイードさんと仲間たち
マレーシア（マレー語）

マラッカで出会ったサッカーマニア。サッカーショップを経営し、地元マラッカ・ユナイテッドの熱烈サポーター。仲間とサカことを集めてくれました。

ニエダ・ツヨシさん
メキシコ（スペイン語）

メキシコ生まれの日系人。サッカーの腕前はプロ級で、強豪プーマスに所属していたことも。2011年に来日し、大学院で海洋科学技術を学んだ。

ラドさん
ルーマニア（ルーマニア語）

公園でボールを蹴っていたら声をかけてきたルーマニア人。約20年前に来日。禅の精神と猫を愛し、「リラックスして生きることが大事」が口ぐせ。

栗田智さん
ロシア（ロシア語）

山形県出身。2013年に出版社を退社し、妻の祖国ロシアのモスクワに移住。自称"なんちゃって主夫業"のかたわら、大学で講師をつとめている。

金井真紀（かない・まき）

1974年生まれ。千葉県出身。文筆家、イラストレーター。任務は「多様性をおもしろがること」。著書に『世界はフムフムで満ちている 達人観察図鑑』（皓星社）、『酒場學校の日々 フムフム・グビグビ・たまに文學』（皓星社）、『はたらく動物と』（ころから）、『パリのすてきなおじさん』（柏書房）、『子どもおもしろ歳時記』（理論社）がある。横浜F・マリノスの松田直樹が好きだったので、その背番号にちなみ銭湯では３番のロッカーを使うようにしている。うずまき堂代表（部下は猫２匹）。

うずまき堂マガジン
http://uzumakido.com/

熊崎敬（くまざき・たかし）

1971年生まれ。岐阜県出身。ライター。30年近くサッカーを中心としたスポーツの取材を続けており、これまで訪れた国と地域は約50。行く先々でスタジアム巡り、草サッカー観戦に加え、サッカーにまつわる壁画の探索を精力的に行なっている。好きな選手はマラドーナ。好きなお菓子は柿の種。趣味はまったく打てない草野球。著書に『日本サッカーはなぜシュートを撃たないのか？』（文春文庫）、『ゴール裏で日向ぼっこ』（駒草出版）、『カルチョの休日』（内外出版）などがある。

FC ROJIマガジン
http://fcroji.com
Instagram
https://www.instagram.com/kumazaki_takashi/

サッカーことばランド

世界で拾い集めたへんてこワード97

2018年7月27日 初版発行
1700円＋税

著者　金井真紀、熊崎敬

パブリッシャー　木瀬貴吉

装丁　安藤順

発行

〒115-0045
東京都北区赤羽1-19-7-603
Tel　03-5939-7950
Fax　03-5939-7951

メール　　　　office@korocolor.com
ホームページ　http://korocolor.com
ショップ　　　https://colobooks.com

ISBN 978-4-907239-34-3
C0075

サカこと SNS
twitter
https://twitter.com/sakakotoland
instagram
https://www.instagram.com/sakakotoland/

¿Sabes algún gran idioma de fútbol?
¡Por favor cuéntanos!

如果您知道有趣的足球用语，
请一定告诉我们。

ถ้าคุณรู้ศัพท์ฟุตบอลอะไรน่าสนใจ
ก็ช่วยบอกเราทีนะ！

おもしろいサッカーことばを知っていたら、
私たちに教えてください！

*Do you know any great football idioms?
Please let us know!*

MAIL sakakotoland@korocolor.com

Twitter https://twitter.com/sakakotoland